LULZIM TAFA
TEUTA

Colecţia „*Poezie universală*"

Descrierea CIP a Bibliotecii Naţionale a României
TAFA, LULZIM
    Teuta / Lulzim Tafa; trad.: Baki Ymeri; pref.: Ion Deaconescu. -
Cluj-Napoca : Grinta, 2018
    ISBN 978-973-126-949-8

I. Ymeri, Baki (trad.)
II. Deaconescu, Ion (pref.)

821.18-1=135.1

Coperta: *Adrian Ilina*

Coperta I: Teuta, regina ilyrilor

EDITURA

grinta

Respectul pentru CUVÂNT
GSM: 0744-777.883
E-mail: gabby_cojocaru@yahoo.com

LULZIM TAFA

TEUTA
(Poezie - Poezi)

Traducerea în limba română:
Baki Ymeri

*

Prefață de
Ion Deaconescu

EDITURA
grinta
Cluj-Napoca
2018

Fals jurnal de companie

Poezia lui Lulzim Tafa se constituie într-un fals jurnal de campanie despre o lume şi un timp ieşite din matca ei firească, statornicită într-o simbolistică, de foarte multe ori înşelătoare şi subversivă.

Poetul deţine talentul de a transfigura realul într-un registru liric special, în confesiunile ploii şi ale umbrei, ale vieţii şi morţii, ale iubirii pierdute dar, îndeosebi, ale speranţei că durerea se va preschimba, prin dragoste şi încredere, într-o dimineaţă a existenţei cu un alt viitor.

Este, în fond, un buletin al victoriei, când poetul anunţă că suferinţa a fost învinsă, iar curcubeul vieţii şi-a făcut din nou apariţia într-un spaţiu geografic transfigurat de istorie şi mituri. Trebuie remarcat faptul că în poezia lui Lulzim Tafa se evidenţiază cu uşurinţă o intensitate a trăirii evenimentelor de autor, ca şi de conaţionalii lui, printr-o gramatică extrem de sugestivă a clipelor de revoltă şi interogaţie generate de un război fără sens, într-o zonă de contact etnic duplicitar.

În aceste ipostaze, poetul se regăseşte pe sine şi se restituie prezentului dur, lipsit de magie şi revelaţii, prin intermediul unei construcții meditative, amintind cititorului de măiestria unui grădinar japonez, ca și de arta bijutierului șlefuind diamantul ce va primi străfulgerări nemaiîntâlnite.

Iubirea este unul dintre pivoții din poezia lui Tafa, ca și viața și moartea, dragostea având forța de a preschimba timpul în ecou al împlinirii și deșertul din inima unora, într-o oază a rodului și a visării perpetue. Căci foșnetul vântului ori al istoriei poate dezvălui teismul unei interiorități însemnate de înțelegerea clipei, ca și de tăcerea celor ce s-au jertfit, or Lulzim Tafa posedă știința să înțeleagă taina bobului de rouă în liniștea dinaintea zorilor, ca și sunetul clopotului ce prevestește întâmplarea viitoare.

Poezia lui Lulzim Tafa, cel mai cunoscut și tradus poet din Kosovo, are efect de ecou, fiind, deopotrivă, o pledoarie pentru recuperarea afectivă a trecutului umbrei insului, dar și al istoriei acestei părți de lume balcanică, generatoare de fiori ai poeziei, dar și ai tensiunilor latente.

Ion Deaconescu

Ai adormit sub lună timpurile

Doar unghiile au rămas unghii
Ziua de mâine ne aduce ceva nou
Cu cea bătrână de ieri ne-am însângerat.
Calul în ploaie
Câte picături te-au bătut în acea zi
Când veneau şi alţi cumpărători
Vânzători de struguri şi bostani
Pentru a schimba destinele.
El îşi ridica privirea spre cer
Soarele n-are de gând să apună
Nici azi
Ploaia se va opri într-o zi
Într-o zi da într-o zi.
Se spune că ploaia nu topeşte calul
Calul care zace în ploaie şi se usucă în adiere
Calul fără număr
Fără frâu
Fără Dumnezeu
Calul aburit în ploaie.

Poeţii

Când se supără zeii
Se nasc poeţii.
La primul semn de viaţă
Se scoală împotrivă propriului stăpân.
Protestează
Când cresc
Devin ştrengari
Împrăştie afişe
Împotriva sinei lor
Ca demonstranţii prin oraş
,,Copilul în plus al oricărei mame
Devine poet''...

Când voi muri

Când voi muri
Nu plânge iubito
Te-am trădat
Cu fecioarele unei alte planete.

Când voi muri nu plânge soro
Galopez pe calul lui Gherghi*
Peste valurile mării...

Când voi muri nu plânge mamă
Doar alăptează
Aceste
Metafore
Melancolice
Ca pe mine cândva...

---

* Gjergj Elez Alia, personaj mitologic

Teoria explicaţiei viselor

Dacă ai văzut în vis Şarpele
Cineva ţi-a oprit jocul.

Dacă ai văzut în vis Libertatea
Cineva cochetează cu Robia ta.

Dacă ai văzut în vis ochii mei
Cineva te-a înşelat.

Ţi-am spus încăpăţânato
Ţi-am spus
Nu dormi
Fiindcă visele îţi scot
Iubirea pe nas...

Drumurile

N-au început, nici sfârșit
Există drumuri fără cap
Sunt drumuri
Ce se intersectează
Există drum fără drum
Dar drumul
Se găsește
Întotdeauna
Pornește tu
Hai
Drum bun...

Ai dormit sub lună

Nu ţi-e milă de mine?
Nu cumva soarele ţi-a rănit ochii?
Ai dormit sub umbra lunii
Şi nevrând te-am ascuns în cântec.
De ce plângi?
Nu ţi-e milă că ochii
Vor veni în cântecul tău
Şi voi uita calea-ntoarcerii?
Din vaietul răutăcios,
Din visul cel negru,
Te rog nu plânge
Nu ţi-e milă de mine, copilo?

Duminicile nu mă strigă

Duminicile nu mă strigă
Se poate să nu mă trezesc
Pe veci rămânând în somnul morții.
Nu uita momentele înghețate
Doar duminica se alege ziua ta.
Pentru tine, când voi muri
După șapte munți, voi căuta numele tău.
Ah! cum de nu mai vii în celelalte zile.

Teuta

Diseară te chem Teuta
Să mergem la cârciuma Otrava
Pe care limba ta o scoate.
Ochii tăi – prevestitori de gheaţă
În ramura spartă
A destinului mut.
Teuta
Ţie ţi se-nchină zeii.

Mâine

Ne vom aşeza din nou Teuta
Pe scaunele de lemn
Să ciocnim pahare sticloase
Ca destinele ca inimile.
Din nou să ne aşezăm
Amintirile să le trăim
Să citim versurile
Nopţilor scrise.
Dă-mi ochii să văd soarele
Cum cad stelele
Cerul cum cade.
Ne vom aşeza din nou, Teuta
Să povestim visele
Nopţilor scrise.
Cu ochi deschişi să ne prindă zorile
Din nou ne vom aşeza
Pe scaune de lemn
Atenţie Teuta
De Viaţă
De Moarte
Atenţie...

Ţin minte chipul tău

Ţin minte chipul tău
Sângele – lacrimă îngheţată
Acoperindu-mă.

Ţin minte limba ta
Şarpe – otravă neagră
Înfăşurându-mi destinul.

Când tu dormi
Eu mă trezesc
Cu amintirea ta.

Oraş antic

O adiere uşoară bate îngheţată
Oraşului antic vântul îi scutură pleoapele.

Nu sunt nebun să te vreau
Oraş antic al primei iubiri.

Cu palmele drumuri să măsurăm
Oraş antic fără castel de piatră

Care merge ca ceasul.

Noapte bună ploioasă

Noapte bună ploioasă
tăcerea oraşului te ucide
anotimpurile-ntârziate
călătorul-ntârziat
în oraşul ud.

Noapte uşoară ploioasă
călătorul-ntârziat
în oraşul umed
diseară pune coroană
mortuară

Noapte uşoară cu ploaie
nu distruge urmele mele
în oraşul cu miros de sânge.

Mâine va ploua

Nu ne vom vedea mâine
Este Duminică
Şi va ploua

Vom dormi un secol.

Nu ştiu
Soarele se va ivi
Sau ne vom vedea
După ploaia cu soare.

Mâine o să plouă
Mă voi închina ţie
Ochilor tăi
Nenorociţilor zei.

Nu ştiu dacă plânge Domnul
Ori plouă
Nu ne vom vedea mâine
Când va ploua.

Mâine vom muri amândoi.

În lipsa noastră

Noi nu mai suntem
Unul a murit
Celălalt a fost ucis de armată
Unii în exil
Ce mult ne-am întristat
După o zi.

Prietenele clasei noastre
Unele aşteaptă trenurile negre
Unele au devenit muieri de exilanţi
Şi s-au dus cu vaiete.

Doar una s-a oprit
La poarta clasei şi-a scurtat părul
Dând semn că noi
Ne vom uita.

Demisia

Dacă vrei
Iei pieptenele şi
Coafezi Noaptea
Ca pe o codană..

Vopseşte-i unghiile...

Declaraţie patetică

Să mor eu pentru tine
Ce bună eşti măi Zână
Ce grele îţi sunt
Acele fire...

Ermetice

Am să te închid
Va durea ca să te deschid
Nici tu nu ştii unde eşti
Nici marea nu se va vedea
Nici ţărâna
Mai mult
Nu va mai
Face Zap...

Complex

Două prostituate
Frumoase
Zeiţe.
Beau cafea şi privesc
În ceaşcă
Liniile şi drumurile.
Unghiile picioarelor şi le vopsesc
Ca de obicei
Stârnesc dorinţe
Şi vise la mare
Păsări în cer
În această lume...

(Istanbul, 2001)

Frisoanele

Harta durerii
Tatuată pe buze
Ştie să citească
Drumul pe care mergi.

Frisoanele tari
Şi reci
Ale frigurilor
Frisoanelor vii...

Iată unde mi-au apărut
Dar tu nu ai nici o vină
Că nu ştii să citeşti
Această artă absurdă
A liniilor de pe buze...

Luna

Cel puţin munca ta
Dacă o ştiam
După o comunicare lunatică
Noapte de noapte
Luna
Clară sau posomorâtă.

Moartea prevesteşte

Eu voi fi ucis în acest război
Pentru fiecare nasture
Al jachetei
O să iau câte un glonţ
Şi fiecare picătură de sânge
Va deveni nasture
În cămăşile şi jachetele
Ostaşilor şi căpitanilor
Mei...

Cântece teribile

Vai domnule răutăţile
Se scoală şi vin
Le aşteptăm în piept
Umili, ne aplecăm ceafa.
Vai domnule răutăţile
Vin înainte de zori
Salba de gloanţe
Şi brâul cu cuţite
Vai domnule
Şi se înfurie fără frică
Peste cefele prudente
Peste pieptul calm.
Vai domnule
Şi se scoală şi vin
Fereşte-ne Doame...

Iată că vin...

(Prishtina, 1999)

Puternicii

I.
Atacă Kosova
Cei puternici
Cu autoblindate moderne
Cu-mbrăcăminte
Şi cagule
Antiglonţ.

Cu sprijin
Naţional
Şi ceresc
Masacrul fusese legitim
Sprijinit pe aliniatul 1
Despre uciderea tuturor albanezilor...

II.
Fuseseră ucigaşii cei mai umani
Glorioşi
Au ucis fără deosebire
Bărbaţi
Femei
Copii...

Ucideau şi cântau
Dumnezeule
Domnul îi ajuta...

Dumnezeul vostru
Să fie ucis
De Domnul meu...

(1998)

Luptătorii

Aseară
Nu am putut adormi
Nu ştiu dacă avem pâine
Pentru diseară
Şi praf de puşcă
Pentru mâine...

(1999)

Atmosfera de luptă

În Kosova acelor zile
Se scumpise pâinea
Uleiul
Mălaiul
Doar vieţii
Îi scăzuse
Preţul
Moarte
Aveam din abundenţă.

Hoții de maci

Nu fiindcă s-a vărsat sânge
Nu fiindcă pruncilor
Le-au semănat schije în obraji.

Ci fiindcă sângele
A curs
Iar pe omul
Ca un mac
L-a sfâșiat...

Botezurile

Nu le botezați copiii
Cu numele Mërgim*
Urtak**
Durim***
Fiindcă ne rămân munții
Fără viteji...

---

* Exil
** Prudent
*** Răbdare

Motiv

Primul copil
Care s-a născut vara asta
A fost botezat Durim
Iar mie
În fiece zi mi se usucă
Fructele imaginate.

Bine că nu e
Bunicul viu.

Mă duc cum spun bătrânii
Cu dorul nestins
Al mărului roşu...

Noi

N-am făcut altceva decât
Să ne îmbrăcăm
Şi dezbrăcăm
De metafore.

Am îmbrăcat
Şi dezbrăcat
Pielea
Stejarilor...

Cu giulgiul
Am îngemănat
Vlăstarele.

Am uitat patria
Giulgiului
Iubirii...

Şi a frumosului...

Reportaj al luptei sfinte

Noi robii luptei fugim în sus
Nu ştim încotro am pornit
Nici unde ajungem pentru lumină
Ei ne urmăresc ne-au înconjurat
Ei cu bocancii şi dinţii de fier ai luptei
Noi descălţaţi înfometaţi nebărbieriţi
De-o săptămână nespălaţi cu părul ca sârma
Fire-fire sufletul mestecăm disperarea
Scuipăm bucatele destinului însângerat
Iar cuvintele vii ni s-au lipit pe limbă
Ele vorbesc noi tăcem cădem în cerc
Ridicăm mâinile ne predăm lupului
Cădem în mila lui
A dinţilor şi ochiului său sfâşiat
Ochii noştri cresc
Trei violatori au năvălit peste o femeie
Ce bătălie inegală a destinului
În faţa ochilor noştri porno vie apare
O pot vedea şi copiii minori
Care stau în coada frigului

Erecţia sexului nu ni se trezeşte
Ne cuprinde erecţia morţii
Biata de tine femeie bună
Carne vie oare am scăpat ne-am trezit
Lupta a emigrat în altă viaţă
Şi vitejii muntelui cu aripi...

Teritorii libere

Erau teritoriile libere
Şi eram şi noi
Ziua era lungă şi fericită
Noi ne sărutam sub un măr
Pe neaşteptate au-nceput să cadă rachete
Teritoriile libere
S-au schimbat în teritorii deşarte
Pustii am devenit şi noi
Acuma oare
Cine se sărută acolo
Sub acel măr deşert...

Trei zile Albanie

Să dea Domnul...
Şi dacă am deveni scrum şi cenuşă
Am fi fost fericiţi
În acele trei zile de Albanie...

Raport din Kosova '99

Aici nu se calcă drepturile
Şi libertăţile omului
Aici se calcă numai capetele...

Iubire de haiduci

Singură m-ai chemat
Apoi ai strigat
C-ai să mă ucizi.
Am scos pistolul de la brâu
Tu mi-ai-nfipt în ochi sabia
În timp ce mâinile mele
Cuprindeau sânii tăi
S-a cutremurat casa.
Singură m-ai chemat
M-ai trădat
De ce
Măi frumoaso
Iubito
Ce mizerabilă...

Jucării

Eu arunc pietricele
În câmp minat
Şi...
Cu ochii închişi caut
Bucata de măsline în tine
Mă satur când n-o găsesc.
Când o găsesc vomit dulce
Mă cuprinde tremurul
Fugi mai bine de mine
Aicuna*
Că dacă ne-am culca noi
S-ar naşte bastarzii...

---

* Personaj mitologic, soţia viteazului albanez Gjeto Basho Muji.

Luptă

Aicuna a fost
Prinsă
Că-i dădea hoțului
Lapte de la sân
De aceea i-au ars casa.
Din fereastra de unde-mi făcea cu mâna
A ieșit fum negru.
Dar eu nu mai eram
Un haiduc al iubirii
Ochind cu pușca
Ținta
Pe valea
Observației crude
Printre haiduci
Mă uitam cu mirare...

Despărţirea inexplicabilă

Tu nu mă mai ai pe mine
Şi nici eu pe tine
Te-am crezut vitează
Aicuna
Ce-i cu această lacrimă în ochi...

Contraveghere

Stai pe şes Aicuna
Sprijinită de dor
Şi priveşti plângând
Înspre munte
Minţile sunt legate cu batic
Astă seară
Vei fi atacată
Aicuna
Să nu-ţi fie teamă
Că voi deveni
O gherilă exactă...

Nerecunoştinţă

Bine
Aicuna
Să ştii că ai fi tăiată
Dacă n-ar fi Haiducii...

Potopul

Aicuna a părăsit turma
Lăsându-le
Ciorapii pe sârmă
A devenit hacker
A spart passwordul meu
Şi când a văzut
Cum trădează vitejii
Funie sau stejar
N-a găsit nicăieri.
Până-ntr-o zi
Pe neaşteptate
A apărut frumoasă
Pe ecran
Făcând reclamă prezervativelor
Companiei
„My Love"

Viteazul principal

Eroul fusese înconjurat
Din toate părţile
Iar el ascuns în culă
Cu o prostituată
Făcea sex
Disperat adânc
De istoria
Pe care nu o cânta
Niciodată
Lăuta sau ciftelia*...

_____

* Instrument popular albanez

Disperarea

Fecioara nefericită
Şi-a tăiat părul
Iar acum furioasă
Merge la izvor
Nicicând nu i-au secat ochii
De când i-a spus un prieten:
Hasan Aga a devenit Gay
Are un iubit la UNMIK...

Luptătorul şi femeia

Luptătorul înnebunea în bătălii
Când femeii luptătoare
Îi venea menstruaţia
Se spune că foarte rău
Ţeava puştii
O aţâţa.

Altarul

(Lui Havzi Nela)

Un Tribunal cu jurisdicţie
În calitatea de vinovat l-a condamnat
La moarte prin spânzurare-n funie
Apoi jupuirea pieliipictorului
Care avu curajul să deseneze
Un om mare aşezat
În instrumentul calului.
Au reacţionat grupuri de homosexuali
Necrofili pedofili zoofili
Partide ieşite
Din pace din război.
Parlamentul
Europei
Ugandei
Kosovei
Uniunea scriitorilor
Artiştilor ziariştilor
Dar Tribunalul nu şi-a retras
Pedepsirea cu funia
Nici pictorul
De pe altar...

Blestemul

Fie mâncată de câini
Această patrie
Care de vii
Ne-a băgat în pământ...

Apa

O, dispară totul
Nici-un sforăit
Pentru ora morţii
Nu se va găsi.
Nicio picătură
De stropit
Focul infernului
Cine îl va
Stinge.

Câinele ministrului

El umblă cu el
Prin târg
În fiece seară.
Pe oamenii îi salută amândoi
Când ministrul mişcă capul
El se joacă cu coada
El latră când el se-ncruntă
Ce bine se înţeleg
Câineşte şi omeneşte
În aceleaşi timp...

Când a înnebunit Bardhi

Când a înnebunit Bardhi
Nu fugeau oamenii de el
Fugea el de ei
Înjura state şi puteri
I se părea că
Un cocoş cânta
În toiul nopţii.
Fereşte-ne Doamne
De cocoşul rău care minte.
Le spunea oamenilor
Dispăreţi
Miros de corb vă vine.
Când a alunecat Bardhi
M-am dus să-l văd
Dacă a înnebunit
Cu adevărat...

Cu sinele meu

Greu
Dar trebuie forţă
Fi-ţi-ar mama ta
Soarele ţi s-a apropiat
Atât de tare încât
Văpaia te arde
Fi-ţi-ar mama ta.
Cei ce nu sunt nu mai vin nicicând.
Cele care sunt nu sunt de ajuns
Nu eşti sigur
Dacă Cel de Sus e cu tine
Iar oamenii ţi s-au suit în ceafă
Împreună cu puterea.

Greu
Dar trebuie
Eh
Fi-le-ar mama lor.

Stejarul

Să te ridici şi să ucizi
Cel mai bun albanez
Este un blestem.
Nu eşti stejar
Să te întorci
Şi să ucizi
Pe cel mai rău.
Se naşte iar un blestem.
Nu e stejar
Cel al cărui mamă plânge.
Acea mamă
E o coadă de topor.

Publicul

Cei care s-au aşezat
În primul rând,
Deseori îşi caută mama.
Nicicând nu înţeleg arta.
Partea cealaltă e corectă...
Străluceşti precum aurul.

Norma

Cine ucide un Inamic
într-o bătălie, Are
drept
Să ucidă Zece
albanezi
Pe timp de pace...

Pace e aceasta?
Vai de capul nostru!

Patriotii

Iubesc mai mult
Patria,
Îi sărută glia apoi,
Se înjură pe pietre şi lespezi.

Să nu mă-ntrebi
Că plesnesc...*

---

* În sensul Că mor...

Marea pretenţie

Speranţa este
Că tristeţea
O să o punem
Vie
În coşciug
Iar călătorului
Din mână
O să-i luăm
Bocceluţa
Doldora de durere...

Epitaf

Nu se mai scrie
Un vers
Ce sentimente muzelor
Le-a adus Libertatea.
Mama
Să le-o fut
Cum de a murit
Poezia...

Fecioara din Dukaghin

Tu nu semeni dimineţii
Nici liliacului înmugurit.
Fragedă eşti
Mai fragedă decât lacrima
Decât apele Drinei
Albe
Decât apele Drinei
Negre
Decât Roua
Şi Picătura de Ploaie.

Sfântă eşti
Mai sfântă decât
Podul cel Sfânt
Decât Rozafa
Decât sora
Lui Gjergj Elez Alia
Frumoasă eşti
Mai frumoasă
Decât fecioarele din poveşti

Ca un cristal eşti
Cristalin ţi-e ochiul
Filigran de pus pe inele.

Băieţii tineri
În faţa oglinzii
Se sinucid
Nimic nu se aseamănă cu tine
Mai mult decât bujorul
Fecioara Dukaghinului
Ai grijă de Semilună
Şi de baticurile negre
Când îţi împleteşti şuviţa
De Sfântul Gheorghe...

Presentimente

Există meteorologi
Exacți
Ai destinului
Care prevăd
Temperatura
Sângelui
Și a durerii pentru mâine.
Pentru gemete și tremur -
Șapte stâlpi ai Merkalului în inimă.
Pentru picăturile ploii
Și ale dorului
Pentru sărut
Ce puține săruturi!

Cireşică

Tu mai mult
Decât oricare
Pom din grădină
Ai cireşe
În ochi
În buze
În sân...

Idila

Tocmai te-am văzut
Mi-au rămas ochii
În ochii tăi
Mi-au rămas buzele
În buzele tale
Am rămas cu totul
În tine
Ai rămas
În mine...

O toamnă la Shkodra

Shkodra e plină de iubire
(Cântec popular)

Toamnă răsfățată în curcubee
Şi Shkodra e plină de toamnă
Ce mare iubire-i în Shkodra
Iar noi, fără noi, pentru piersici...

Ulqinake

Mă-mbăt când-mi aduc aminte
De tine, Ulqinja mea*
Mititică -
Boabe de măsline
Aveai în ochi
Şi-n vârful sânilor.

Acea noapte şi
Părul tău lung...
Pasiunea în valuri
Şi limba
Şi sfârcurile ce ţi le-aţâţ...
Gust al vieţii, Ulqinja
Ramură şi măslin...

---

* După oraşul Ulqinj

Lamenet

(Lui Azem Shkreli)

Poetul nicicând nu punea
Punct versului
Dar când s-a umplut
Cu dor de exilaţi
Într-o zi
Acel punct i-a căzut în inimă
S-a grăbit
Fiindcă vroia cu moartea
Să aterizeze
În Kosova
Şi azi
Moartea i-a devenit
psalm de bucurie
Poetul n-a murit
Doar i-a căzut punctul
Versurilor...
În inimă.

Ploaiă sfântă

Pentru oraşe pietrele din pământul pustiu
Pentru câmpiile cu câini purpurii şi cai orbi
Pentru oamenii din trenurile negre şi pline
Pentru livezile cosite de duşmanul tăiat cu coasa
Pentru pietrele de hotar din pietrele de mormânt.
Pentru obeliscurile geloase
Pentru eroii ceţii.
Pentru Mecca albaneză
Pentru Vatican
Pentru pelerinajul nou
Pentru infamii profeţi huliţi
Pentru teatrul de sub luna nesimţitoare dat de domnul egoist.
Pentru asociaţia scriitorilor poeţilor poliţiştilor inamicilor
Pentru Teuta azilul iubirilor uitate
Pentru redactorii invalizi şi ziariştii amăgitori
Pentru casele publice
Bastarzi
Prostituate
Pentru păcatele monstruoase
Pentru dovezile
În diavolul blestemat
Sunt
O mie şi o sută de motive pentru care
Până la sfârşit acea ploaie
Sfântă
Va cădea...

Cea de a doua chemare a ploii sfinte

Pentru visul destinului cu gâtul tăiat
Pentru gustul cel dulce al pulpei vii
Pentru gheaţă, foc, apă, dogoare
Pentru sicriele umplute cu dor
Pentru sângele libertăţii robia în ghicitoare
Pentru porumbei porumbiţele în kalaşnicovi
Pentru mame voalul valizelor pline de durere
Pentru vitejii fricoşi şi libertatea fără sens
Pentru rugina inimilor despărţite în trei
Pentru ispravnicii bâlbâitori ai domnului în ureche
Pentru eroii vii şi martirii disperaţi
Pentru pielea cu râie şi fiinţa urâcioasă
Pentru ploaia abilă care nu-ncepe să cadă
Pentru fantasmele canibalilor sub umbră
Pentru giulgiul alb al feţei negre
Pentru dintele stricat al speranţei frumoase
Pentru iubirea care se leagănă pentru Ithaca nouă
Pentru mine pentru tine pentru noi...

Erotică uşoară

Îţi aminteşti
Când eram
Tineri
Şi te dezbrăcam
Din priviri
Tu nicăieri
Iar eu
Peste
Tine.
Cândva târziu
Ni se amestecau
Degetele şi ţipetele.

Neînțelegere

Dă-mi mărul
I-am spus
Ea mi-a dat
Merele
Ca o cireașă
S-a îmbujorat
Iar eu
Am ajuns
În vârful ei
De cireș...

Telefonul

Melancolic sună
În toiul visului
De la miezul nopții
Telefonul albastru
Prin firele sale ține vie
Legătura inimilor...

Iubire radiofonică

Ideea radioului
S-a născut
Din iubire
Fiindcă inimile poartă
Legături radiofonice...

Expoziție de vise

În galeria de artă
Cât de curând voi deschide
O expoziție de vise
Și veți vedea
Cum va zdrențui ochii
Omenirii
Și cum va înnebuni
Critica...

Mai am încă două cuvinte

Tacticos
Mai am încă două cuvinte
Că vreau să-i-ntâlnesc pe ucigași
Și să-i-ntreb
De ce ne-au ucis...

Legea pentru apărarea animalelor

Oriunde în Balcani
Drepturile omului
Se respectă parţial
Dar a animalelor total
În fiecare abator.

Tu ai durere

Când nu mă vezi
Când nu mă auzi
Când nu-ţi vorbesc
Nici nu-mi vorbeşti
Când ţi se rupe visul
Pe jumătate
Mai ai durere oare
Când te trezeşti din somn
Şi nu te mai prinde din nou.
Când tu prăjeşti dragostea în foc
Când îţi fierbe fruntea
Când se termină dorul
Mai ai durere oare
Când te prinde diavolul.
Spune-mi
Dacă ai durere mai mare
Decât durerea mea!

Ora

Vreau să vorbesc ceva cu tine
Dar te-ai oprit un pic
Şi te-ai oprit un pic
Bătăile inimii tale au oprit
Bătăile inimii mele.

Cel de al patrulea război mondial

Nu cumva oare din nou
Va fi război.
Din nou vor apărea viteji
Sângele se va vărsa ca fluviu
Încă o dată de la început
Totul va porni
Dumnezeule
Dar cine îi poate răbda
Din nou
Pe toți acești
Eroi!

Jurământ solemn

Fără ochi
Trăiesc
Dar fără tine
Nu mai pot
Trăi.

Îmbătare cu fatalitate

Tu ai îmbătare fatală
Când te-mbeţi
Ucizi
Eu doar când mă-mbăt
Te iubesc
Fatalmente ne-mbătăm
Amândoi.

Carne sălbatică în suflet

De când mi-ai zis
Că te-ai îndrăgostit în mine
A devenit foarte greu
De a scăpa
De carnea sălbatică
Din suflet.

Arbor vitae

(Lui Mirko Gashi)

Maestro
Toţi pomii
Vor să îi taie
Mai spun că nimeni
Nu se mai sărută
Sub ei
Fără tine
Frunzele
Fructele
Sărutările
Au secat.

Trei întrebări
pentru explicareaviselor

(Prima întrebare)

Ce înseamnă
Când Domnul transformă
Luna în Om
Întâi îi pune buze
Şi-i pune ochi
Ca să apară
Ca o zeitate
Şi ţi-o ia din nou
O duce acolo sus
Unde mâinile mele
Nu-o pot atinge.

(A doua întrebare)

Ce înseamnă
A visa Luna?
Buzele umbrite
A i le vedea
Pleoapele atârnate
Precum umbre
Ce înseamnă?

(Ultima întrebare)

Ce înseamnă ca
După apusul Lunii
Să i se slăbească
Lumina ochilor?

Rugăciune

Cine poate oare
Să mă lege
Mai tare de Lună
Cu o funie ca dorul
Care nu se rupe.

Rana

Nu te chinui
Niciodată nu o-nchide
Las-o deschisă
Că stă mai bine
Doar întăreşte-o
De inimă
Durerea trebuie
Simţită bine
Precum tăciunele
Precum sarea.

Rugăciune neobişnuită

Dumnezeule
Coboară Luna
Pe pământ!

Februarie

Am fost plin
De Lună
Aseară
Apoi
Am produs
Explozia soarelui
Focul
Flacăra
Dorul
Cu palma
Ţi-am măsurat
Faţa
Vis mai frumos
Nimeni n-a văzut
În această noapte.

Talentul

Doar eu ştiu
Să te ridic atât de sus
Încât, când îţi cad
Lacrimile din ochi
Tu fierbi
Nimeni
Ca tine
Nu ştie
Să iubească.

Iubire cu vorbe murdare

Eu mă trezesc
Tu adormită porneşti
Pe calea iubirii
Cu vorbe murdare.

Ameninţare

Jur că
Toate cuvintele tale
Le voi băga într-un sac
Şi le voi dărui
Unui cerşetor.

Rugă în formă de ordine

Nu pleca
Stai aici
În poezie
Nu pleca
Stai aici
Fiindcă
Eşti cea mai bună
Care dăruieşte
Iubire
Şi amăriciune.

Rănile

Nu vorbesc
Pentru sinele meu
Ci pentru mare
Rănile căreia
Nicicând
Nu s-au vindecat.

Ispita

Se numea troica
Jocul ce nu se juca
În câmpul deschis de fotbal
Sau de tenis.
Dar este acel joc
Cu multe mingi.
Între picăturile fierbinţi
Evidente
Într-un pat întins
Îmbătat
Definitiv.

Prishtina te hipnotizează
Precum spuma şampaniei.
Ca o romanţă medievală
Cu candele şi flori
Când de obicei
Serveam ciocolată cu rom.
Convinşi că faceam artă
Ele şi-au acoperit ochii cu baticul
În timp ce pupilele mele
Creşteau până-n infinit.
Am pornit primii
Fără semnalizare
Doar cu vârful limbii.

Nimic nu se înţelege
Joc greu, fără arbitru
Joc fără reguli nu mai sunt
Reguli în acea anarhie
Nu mai e nimeni
Care semnează începutul
Şi nici sfârşitul
Nu mai sunt spectatori dar
Stadionul se zguduie de ovaţii
Cu părul nepieptănat
Parcă am intrat
Sau ieşit din nebunie
Iar păcatul îl ştiu
Doar din degete.

Într-o clipă, dintr-o dată
Mi-am adus aminte
Că am fost răpit de vulturi
S-a întins pe mine cheful
Am devenit producător
Al sucului de banane
Până când n-a mai rămas
Nicio picătură pentru leac
Jur că nu ştiu sfârşitul
Fiindcă foarte puţin
Omul îşi aduce aminte
Despre acea ispită.

Dânsa este VIP

Dânsa este VIP
Şi nu este
Atât de simplu
S-o ai în pat
Mai ales după
Ce-a călcat covorul roşu
Să simţi gustând
Mierea buzelorsale
„Orgasmul cu rayzi din Hollywood"
Nu e atât de simplu
Să ai un VIP în pat
Să vezi cum îi strălucesc dinţii
De sucul buzelortale.

Intrare în tine

Ai venit
Fără să te invit
Ai plecat
Fără să te urmăresc
Venire
Plecare
Care mă arde.

Condiția

Fără să mă ucizi pe mine
Acel cântec dumneata
Nu îl poți cânta
Să dea Domnul
Să fiu sănătos
Ca să te iubesc!

Mare durere

Aicuna
Loveşte bine în ţintă
Te cucereşte cu privirea
Mai mult decât cu puşca
Te ucide cu iubire
Când te loveşte
O durere mare
Simţi în suflet
Grea ca un glonţ
Fereşte-ne Dumnezeule
Fiindcă durerea cea mai mare
Este Aicuna.

Regretul

Recunosc
Că eşti frumoasă
Dar ţie gâtul
Ţi-l sparge iubirea
De altfel de mult
Nu te-aş fi văzut.

Căutând sinele meu

Am ieşit azi
Cu capul în mână
Sinele meu să-l caut
Pe drumurile
Unde am lăsat
Un pic de iubire
Şi nişte dureri
Pe drumurile vechi
Aşternute cu dor
Unde s-au ascuns amintirile
Cu buzele dulci
Cu săruturile
Care mă-mbătau
Am ieşit azi
Sinele meu să-l caut
Privesc însoare
Dar sunt pe pământ
Ah, iată-mă în cer
Am ieşit astă seară
Sinele să-l caut
Dar unde sunt?

Nu mai sunt.
Am ieşit astă seară
Sinele să-l caut
Dacă nu-l găsesc
Tare voi dispera
Voi începe dureros
Să cânt văitând...

Replică

Urmează să se spună
Că focul
Nu arde mai mult
Decât dorul.

Revoluţia muzelor

Ce-ai zice dacă muzele
S-ar ridica
Într-o noapte în picioare
O noapte de coşmar şi frisoane
Dorind ca monumentele
Să le dărâme
Nelăsând nicăieri
Nici eroi nici draci
Nici bărbaţi nici femei
Pe nimeni în picioare
Nelăsându-l
Ce-ar fi dacă vor lăsa
Poporul gol!

Ranchiună

Sunt zile când patria
Mă vede posomorât
I-am trimis în pizda mă-sii
Pe eroi.
Fiindcă cei ce-ţi spun te iubesc
Nu te iubesc.
Eu niciodată nu ţi-am spus
Şi încă te iubesc
Ca ochii din cap.
Jur oricând vrei
Adu Biblia
Adu Coranul!

Neîncredere căzută

Nimeni nu mă crede
Cerul şi marea Când
le vede
Fiindcă cerul lasă soarele
Nimeni nu mă crede
Că soarele
Din cer
O săcadă
Nimeni nu mă crede.

Fidelitatea

Cele ce ți le-am spus
Nu le spune nimănui
Nu pomeni nicicând
Acel joc sub lună
Nu pomeni nicicând
Despre îngeri și diavoli
Fii binecuvântată Aicună
Aceste cuvinte
Bagă-le în pământ!

Nu mai sunt zile de cataclism

Soarele în mare o să cadă
Focul se va stinge
În apa fierbinte a mării.

Doar ochii ni-i iau
Aruncându-i în apă
Pentru sănătatea Domnului.

Nu vă speriați măi
Că zile cataclismul n-are
Cataclismul noaptea va veni.

Iubire căzută

Azi e ruşine să-i spui cuiva te iubesc
Când se vede iubirea atât de jos
Căzută
Pe pământ.

Cucuveaua

Vorbeşte
Te-au făcut piatră
Piatra cucuvelei
Cucuveaua pietrii

Luna

Însuşi mi-a spus într-o noapte
Că vrea să-mi cadă în mână
Suspendată în aer nu mai poate sta
Iar eu am întins mâinile
Aşteptând-o
Ca un nebun
Închipuieşte-ţi am spus
Ce înseamnă
A fi
Îndrăgostit în Lună.

Egoism

Vise mai frumoase
Decât mine
Nu vede nimeni
În timp ce tu
Mă frigi
În tăciune.

Eu am devenit vegetarian
În ziua când ei au devenit
Canibali.

E-love

Ce uşor este telefonul mobil
Ce greu sunt eu
Fără SMS-urile tale
Iubito.

Fuga

Dacă veifugi
Voi deveni
Unul din cei mai mari producători
Ai tristeţii în lume.
Dacă veifugi
Buza mereu
O voi ţine muşcată
Mâinile tari
Legate în amintire
Nu voi mânca
Nici nu voi bea
Os
Piele
Şi plictiseală betonată
Voi înghiţi.

Împachetarea plictiselii

N-are vină Mama
Când spune
Fugi de vise
Că-ţi turmentează capul
Toată noaptea
Am împachetat plictiseala în saci de plastic
Iar docherii negri le-ncărcau
În navă
Şi nimic nu mai ştiu
Până dimineaţă
Când au spus că Marea
A devenit amară.

Propagandă

(Infernul)

Acolo nu mai sunt lumini
Oamenii nu se vor vedea
Nu se va bea apă fiindcă
Izvoarele scot apă fierbinte
Nu se va putea iubi
Fiindcă inimile se ard
Nu se va mai săruta
Fiindcă nu mai sunt buze
Nu mai sunt flori, doar mărăcini
Nu ne putem prinde de mână
Nu mai putem vorbi
Nu mai sunt cărţi cu poezii
Nu mai e Biblie
Nu se va citi din Coran
Soarele trebuie împins cu picioarele
Ochii îi vom spăla cu foc
Vom dormi pe topoare
Vor fi picioare
Mâini şi capete
Rupte
Şi vise morbide
În temperatura de peste o mie de grade.

(Raiul)

Vom dormi în florile raiului
Sub pomi
Vom bea vin roşu
Din izvoare
Ne vom simţi vii
Între zeităţi
Sufletul se va bucura de pace
Vom zbura ca fluturii
Din fereastră vom vedea
Iadul
Şi ne vom bucura
Văzându-i pe duşmani
Cum ard.

Biobibliografie

Lulzim Tafa este unul din cei mai traduşi poeţi albanezi din lume. S-a născut la 2 februarie 1970, în Lipjan, aproape de Prishtina (Republica Kosova). Studiile universitare le-a absolvit la Facultatea Juridică în cadrul Universităţii din Prishtina. Între timp şi-a susţinut doctoratul la Universitatea din Saraieva, devenind Doctor în Ştiinţe Juridice.

Angajament academic. Dr. Lulzim Tafa are o experienţă îndelungată în domeniul prelegilor, fiind angajat şi în calitate de vizitator în câteva universităţi din Kosova şi străinătate. A exercitat funcţii importante în întreaga ierarhie academică, obţinând posturi de management în centre de cercetare, facultăţi şi servicii universitare. Este membru al unor redacţii de reviste ştiinţifice, membru al consiliului unor organizaţii în domeniul ştiinţelor juridice, drepturilor omului, criminalisticii etc. Ca rezultat al angajamentului său în universitatea pe care o conduce, au fost deschise câteva secţii în limba minorităţilor, oferindu-le acestora posibilitatea de şcolarizare fără nicio taxă pentru persoanele cu nevoi speciale.

Cercetări şi publicaţii în domeniul juridic. A publicat câteva cărţi ştiinţifice şi monografi în domeniul criminologiei şi dreptului penal în limba albaneză şi *bosniacă, precum: Crima organizată în Kosova în perioada tranziţiei; Operele penale împotriva Economiei; Cercetarea Operelor Penale (coautor); Cercetarea operelor penale ale narcocriminalităţii (Coautor). Participant la diferite sesiuni pentru drepturile omului, crimonolgiei şi criminalisticii. Columnist al unor cotidiene şi portale informative din Kosova şi străinătate. Este cunoscut ca un mare avocat în domeniul drepturilor animalelor. Ca rezultat al angajamentului său au fost întreprinse multe iniţiative legale prin care legislaţia din Kosova şi-a asumat apărarea animalelor. Concomitent cu angajamentele în calitate de profesor, manager şi activist pentru drepturile omului şi animalelor, Lulzim Tafa este cunoscut mai mult ca poet.*

Aparţine generaţiei poeţilor anilor 90, generaţie care a suportat cei mai grei ani ai vieţii poporului albanez din Kosova cărei îi fusese ameninţată existenţa fizică. În acest sens, poeziile timpului de război ocupă un loc foarte important în creaţia literară a poetului şi în cea a generaţiei sale. În timpul războiului, casa sa a fost arsă, împreună cu biblioteca, cărţile, manuscrisele, fotografiile şi întreaga arhivă. Lulzim Tafa este membru al Academiei Europene de Ştiinţă şi Arte. A fost tradus în mai multe limbi, fiind laureat al multor premii literare, fiind cuprins în câteva antologii.

Volume publicate: Sângele nu devine apă (Editura Rilindja, Prishtina, 1993); Metafora Tristeţii (Rilindja, Prishtina, 1997); Planeta Babilonului (poezie dramatizată, Rilindja, Prishtina, 1999); Mai am încă două Cuvinte

(Edit. Faik Konica, Prishtina, 2011; Treabă de Diavol (poeme alese, Edit. Gjordan-Studio, Saraieva, 2011); Expoziţie cu vise în albaneză, Bucureşti, 2012); Du somnade under månen, în suedeză, Skärblacka, 2012; Terrible songs, în engleză, New York, 2013; La theorie de l'explication des reves, în franceză, Bruxelles 2013; Traumenausstellung, în germană, Siebenburg, 2013; Vraziji Posao, în bosniacă; Zavjetne Pjesme, în muntenegreană; La cronica di una santa Guerra, în italiană; Băgaţi în pământ aceste cuvinte, Prishtina 2015; Pachetarea plictiselii, Tetova 2017. Lulzim Tafa scrie poezii şi piese teatrale, dar se ocupă şi cu critică literară şi publicistică. Poemele sale au fost publicate în multe reviste din ţară şi străinătate, fiind onorate de numeroase aprecieri critice naţionale şi internaţionale. Actualmente este rector al Universităţii AAB din Prishtina.

Cuprins - Përmbajtja

www.ingramcontent.com/pod-product-compliance
Lightning Source LLC
Chambersburg PA
CBHW050354100426
42739CB00015BB/3391